BEI GRIN MACHT SICH IHR WISSEN BEZAHLT

Anonym

Supply Chain Management. Überbetriebliche Geschäftsprozesse

GRIN Verlag

Bibliografische Information der Deutschen Nationalbibliothek:

Die Deutsche Bibliothek verzeichnet diese Publikation in der Deutschen National-
bibliografie; detaillierte bibliografische Daten sind im Internet über http://dnb.d-
nb.de/ abrufbar.

Impressum:

Copyright © 2006 GRIN Verlag GmbH
Druck und Bindung: Books on Demand GmbH, Norderstedt Germany
ISBN: 978-3-656-75640-8

GRIN - Your knowledge has value

Der GRIN Verlag publiziert seit 1998 wissenschaftliche Arbeiten von Studenten, Hochschullehrern und anderen Akademikern als eBook und gedrucktes Buch. Die Verlagswebsite www.grin.com ist die ideale Plattform zur Veröffentlichung von Hausarbeiten, Abschlussarbeiten, wissenschaftlichen Aufsätzen, Dissertationen und Fachbüchern.

Besuchen Sie uns im Internet:

http://www.grin.com/

http://www.facebook.com/grincom

http://www.twitter.com/grin_com

Überbetriebliche Geschäftsprozesse und IV-Integration

1. Grundlagen

1.1 Beispiel für überbetrieblichen Geschäftsprozess

Online-Buchbestellung:

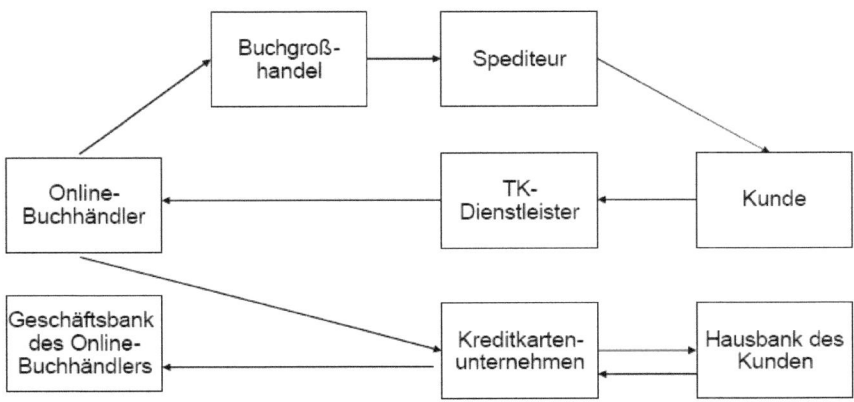

Benennen Sie den Geschäftsprozess!

A: Online-Buchbestellung aus Gesamtsicht, aus einzelner Sicht sind die
        Geschäftsprozesse verschieden.

Welche Absprachen zwischen den beteiligten Betrieben sind notwendig, um den
Geschäftsprozess realisieren zu können?

A: Qualitätsvereinbarungen (Service Level Agreements), Rechtliche Vereinbarungen,
        Preisabsprachen, Kommunikationsabsprachen (Kommunikationsprotokolle,
        Datenformate), Modellierung der Geschäftsprozesse

Welche Funktionen sind notwendig, um den Geschäftsprozess bearbeiten zu können?

A: Pflege der Website, Auftragsbearbeitung, Data Mining / interne Marktforschung,
        Lagerverwaltung, Werbung und Abstimmung der Werbewirkung

Welche Daten müssen die beteiligten Betriebe während der Abwicklung des
Geschäftsprozesses austauschen?

A: Kundenstammdaten, Artikelstammdaten, Bestandsdaten, Bewegungsdaten,
        Auftragsdaten, Daten über die Kundenbonität

1.2 Begriffsklärungen

1.2.1 Definitionen

a) Betrieb:

- Soziotechnisches System
- Ort der Leistungserstellung (Produkten / Dienstleistungen)
- Planvoll organisierte Wirtschaftseinheiten
- Auf Dauer angelegt
- Gewinnerzielung

b) Unternehmen:

Ein Unternehmen kann aus mehreren Betrieben bestehen.

c) „überbetrieblich":

- Überbetrieblich kann bedeuten:
  „über die Grenzen eines Betriebs hinausgehend", z. B.
  - o zu anderen Betrieben (business-to-business)
  - o zu Kunden/Konsumenten (business-to-customer)
  - o zu öffentlichen Einrichtungen (business-to-government) etc.

- "Überbetrieblich" kann im Sinne von Inter- und Intra-Organisationssystemen abgegrenzt werden:
  - o Intraorganisationssysteme: betriebsinterne = intraorganisatorische Informationssysteme
  - o Interorganisationssysteme: überbetriebliche = interorganisatorische Informationssysteme

d) Interorganisationssysteme (IOS):

Interorganisationale Systeme (IOS) sind zwischenbetriebliche Anwendungen, durch die zwei oder mehrere unabhängige Organisationen strukturierte Daten zwischen Rechnern austauschen. IOS verbinden eine organisatorische und eine technische Perspektive.

e) Geschäftsprozess:

- Abfolge von Aktivitäten / Teilaufgaben
- Soll der Wertschöpfung dienen (Kunde muss Leistung fordern, Leistungsübergabe)
- Zwischen zwei oder mehreren Parteien oder Institutionen

Eine zusammengehörende Abfolge von Unternehmensverrichtungen zum Zweck der Leistungserstellung, Ausgang und Ergebnis des Geschäftsprozesses ist eine Leistung, die von einem internen oder externen „Kunden" angeboten und übernommen wird.

Eine Folge von logisch zusammengehörigen, aufeinander folgenden Aktivitäten, die
- Quer zu den betrieblichen Funktionsbereichen und
- Einen Beitrag zu Wertschöpfung liefert.

f) „überbetrieblicher Geschäftsprozess":

- zwei oder mehr Betriebe
- sind aktiv an einem gemeinsamen Wertschöpfungsprozess beteiligt
- und nutzen dazu gemeinsame IV-Ressourcen

g) IV-Integration:

Integration betrieblicher Informationssysteme in verschiedenen Betrieben.

1.2.2 Versuch einer Klassifikation der Integrationsebenen

Unternehmensstrategien Abstimmung von Unternehmensstrategien

Geschäftsmodelle Gestaltung der Geschäftstätigkeit von Unternehmen

Geschäftsprozesse

Funktionen Betriebliche Teilaufgaben oder softwaretechnische Funktionen

Daten / Informationen Austausch von Daten oder Pflege einer zentralen Datenstelle

Infrastruktur Internet oder andere Netzwerke, Mobilfunknetze

1.3 Gründe und Ziele für die Bildung überbetrieblicher Geschäftsprozesse

1.3.1 Rahmenbedingungen für die Entwicklung von Interorganisationssystemen

- Globalisierung
  - o Erweiterung von Wirtschaftsräumen, internationale Arbeitsteilung
- Individualisierung der Nachfrage
  - o Wandel der Märkte vom Verkäufer- zum Käufermarkt
- Verkürzung der Produktlebenszyklen
  - o kürzere Amortisationsperioden, steigende Entwicklungskosten
- Deregulierung
  - o EU-Binnenmarkt, Telekommunikationsmarkt, Energieversorgung
- Druck von Geschäftspartnern
  - o Automobilbranche: EDI, elektronische Marktplätze, ...
- Konvergenz verschiedener Branchen
  - o Telekommunikation
  - o Medien (Autoren, Produzenten, Sender, Verlage ...)
  - o Software
  - o Finanzdienstleistungen

3

- Verfügbarkeit globaler Telematikdienste
  - globale, informationslogistische Infrastrukturen,
  - Zugriff auf weltweit verteilte Daten und deren Weiterverarbeitung

1.3.2 Gründe für die Bildung überbetrieblicher Geschäftsprozesse

Arbeitsteilung bedeutet
- Zerlegung einer Gesamtaufgabe in Teilaufgaben und
- Zuweisung der Teilaufgaben an verschiedene Aufgabenträger

Arbeitsteilung
- ermöglicht Spezialisierungsvorteile
- erfordert Koordination der Teilaufgaben

1.3.3 Gründe für die Notwendigkeit der IV-Integration

- Eine arbeitsteilig gestaltete Aufgabe ist in der Regel mit einer IV in Form von „Insellösungen" verbunden.
- Eine Integration der Teilaufgaben / Anwendungen erfordert eine Integration der IV

1.4 Zusammen überbetrieblicher Geschäftsprozesse und E-Commerce / E-Business

Electronic Commerce:
Unterstützung von Handelsfunktionen – primär zwischen Anbieter und Endverbraucher (Consumer) – durch internet-gestützte IS.

- z. B. Verkauf von Büchern durch Online-Bookshops an Konsumenten
- z. B. Vermittlung von Neu- und Gebraucht-PKW über internet-gestützte Plattformen

Electronic Business:
Unterstützung der Geschäftstätigkeit von Unternehmen – primär bei überbetrieblichen Aufgaben – durch internet-gestützte IS.

- z. B. überbetriebliche Lieferkette im Internet-Buchhandel
- z. B. gemeinsame Entwicklung von PKW-Komponenten durch Zulieferer und Automobilproduzenten auf elektronischen Marktplätzen

1.5 Typologien zwischenbetrieblicher Internetanwendungen

1.5.1 Formen von überbetrieblichen Beziehungen

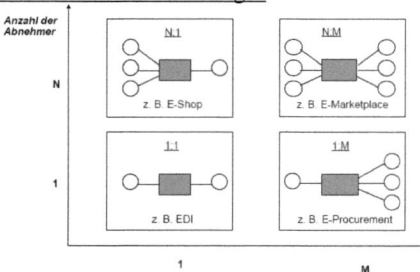

1.5.2 Typologie zwischenbetrieblicher Internet-Nutzungsformen

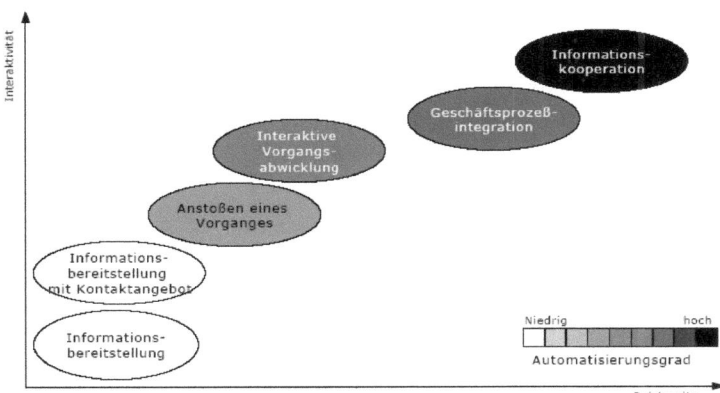

Kriterien zur Bildung von Typen:
- Grad der Interaktivität
- Reichweite (Intensität der Internet-Nutzung)
- Automatisierungsgrad
- Informationsbereitstellung
- Informationsbereitstellung mit Kontaktangebot
- Anstoßen eines Vorganges
- Interaktive Vorgangsabwicklung
- Geschäftsprozessintegration
- Informationskooperation

1.6 Stufen der Geschäftsprozessintegration

2. Koordination ökonomischer Leistungen

2.1 Grundmodelle der Leistungskoordination

a) Hierarchie

Definition
- Leistungsaustausch auf der Grundlage langfristiger Verträge

Erscheinungsformen
- betriebliche Hierarchie (klassische Organisationsstruktur von Unternehmen)
- zwischenbetriebliche Hierarchie (z. B. von einem großen Hersteller abhängige Lieferanten)
- zentrale Planwirtschaften

Koordination
- über regelbasierte Weisungsbefugnisse, Macht, Autorität

Beispiel: Ersatzteilversorgung innerhalb einer Luftfahrtgesellschaft

b) Netzwerk / Hybride Koordinationsformen

Definition
- Kontinuum unterschiedlicher Koordinationsformen im Spektrum zwischen Markt und Hierarchie

Erscheinungsformen
- Unternehmensnetzwerke
- Kooperationen
- …

Koordination
- über Loyalität, Verträge, Vertrauen, Tradition, Korruption, …

Beispiel: Ersatzteilversorgung in einer Allianz / Kooperation von Luftfahrtgesellschaften

c) Markt

Definition
- (ökonomischer) Ort des Zusammentreffens von Angebot und Nachfrage

Erscheinungsformen
- inner- und überbetriebliche Märkte
- B2B- und B2C-Märkte

Koordination
- (Ausgleich von Angebot und Nachfrage) über Preismechanismus

Beispiel: Ersatzteilversorgung durch einen externen Anbieter

2.1.1 Das Spektrum zwischen Markt und Hierarchie dargestellt am Beispiel „Make or Buy"

Markt	Spontaner Einkauf am Markt
	Normale Marktbeschaffung
	Wiederholte Marktbeschaffung
	Längerfristige Verträge über Marktabschlüsse
	Just-In-Time-Zulieferung
	Externe Qualitätskontrolle
Netzwerk	Marketingkooperation
	Beschaffungskooperation
	Forschungs-/Entwicklungskooperation
	Joint Ventures
	Franchising
	Lizenzverträge
	Kapitalbeteiligung an Lieferanten/Abnehmern
	Tochterunternehmen
Hierarchie	Eigenentwicklung und –erstellung

2.1.2 Warum entstehen Unternehmen

These: Koordinationsaufwand innerhalb eines Unternehmens ist geringer
- o Kontrollaufwand
- o Wissen um oder über die Fähigkeiten von Kooperationspartnern
- o Kapitalbündelung
- o Marktmacht
- o Risikoausgleich, Risikoverteilung
- o Konservierung / Bewahrung von Wissen

2.2 Transaktionskosten

2.2.1 Transaktionskostentheorie

- Ein Ziel der Transaktionskostenanalyse: Bei gegebenen Rahmenbedingungen diejenige Koordinationsform zu ermitteln, welche
  - o die geringsten Transaktionskosten verursacht = die Effizienteste ist

- Transaktion: Übertragung von Verfügungsrechten
- Transaktionskosten: alle mit einer Transaktion verbundenen Kosten, durch
  - o Anbahnung (z. B. Informationssammlung, Reisen, Beratung)
  - o Vereinbarung (z. B. Verhandlungen, Rechtsberatung)
  - o Abwicklung (z. B. Management der Austauschprozesse)
  - o Kontrolle (z. B. Qualitäts- und Terminüberwachung)
  - o Anpassung (z. B. bei Änderungen von Rahmenbedingungen)
  - o Durchsetzung (z. B. Kosten der Vertragsdurchsetzung bei Nichterfüllung)

2.2.2 Produktions- und Transaktionskosten

Produktionskosten: Kosten für die Entwicklung, Produktion und den Absatz von Gütern

Transaktionskosten:
Kosten der Information und Kommunikation für Anbahnung, Vereinbarung, Abwicklung, Steuerung, Kontrolle und Anpassung der Leistungserstellung.

2.2.3 Gesamtkosten in Märkten und Hierarchien

2.2.4 Einflussgrößen der Transaktionskosten

a) Spezifität

„Der Spezifitätsgrad einer Transaktion ist umso höher, je größer der Wertverlust ist, der entsteht, wenn die zur Aufgabenerfüllung erforderlichen Ressourcen nicht in der angestrebten Verwendung eingesetzt, sondern ihrer nächstbesten Verwendung zugeführt werden."

Arten von Spezifität
- Standortspezifität (Investitionen in ortsgebundene Anlagen)
- Spezifität des Sachkapitals (spezifische Maschinen und Technologien)
- Spezifität des Humankapitals (Investitionen in Mitarbeiterqualifikationen)
- Zweckgebundene Sachwerte (Investitionen in unspezifische Anlagen, die bei Wegfall der Transaktion aber Überkapazitäten darstellen würden)

b) Opportunismus

- Verhalten, bei dem Akteure ihren eigenen Nutzen (ggf. auch auf Kosten der Vertragspartner) maximieren.
- Transaktionskostentheorie empfiehlt, spezifische Transaktionen nicht über kurzfristige Markttransaktionen abzuwickeln, sondern stärker hierarchisch einzubinden, z.B. über langfristige Verträge

c) Strategische Bedeutung

d) Unsicherheit

e) Begrenzte Rationalität (= begrenzte Informationsverarbeitungskapazität)

2.2.5 Koordinationsformen und Spezifität

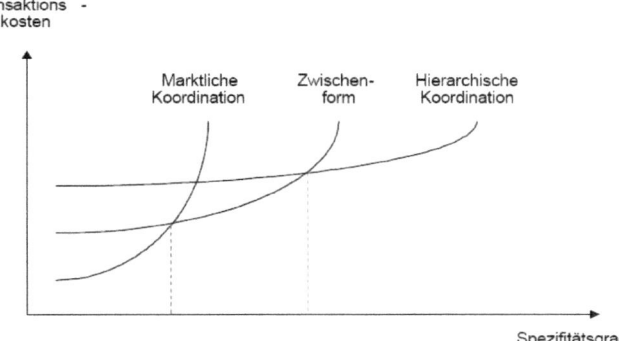

Warum in hierarchisch Koordination höher fixe Transaktionskosten?
Es muss Verwaltungsapparat aufgebaut werden, damit Transaktionen ablaufen können.

Warum bei Hierarchie flach?
Weil Mitarbeiter im U dazu motiviert werden, die Kosten gering zu halten.

Bei Schnittpunkt lohnt es sich die Güter zu Kaufen, danach selbst zu produzieren.

2.2.6 Informationssysteme und Transaktionskosten

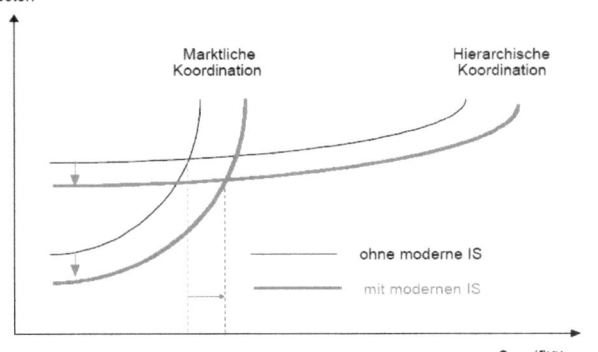

Schlussfolgerung:
Spezifität verschiebt sich, d.h. Güter werden zunehmend marktlich erbracht und weniger
selbst produziert.

Gegenargumente:
- Zielt nur auf die Verbesserung der IV Systeme und ab und nicht auf die anderen
  Einflussgrößen
- Produktionskosten müssen auch beachtet werden

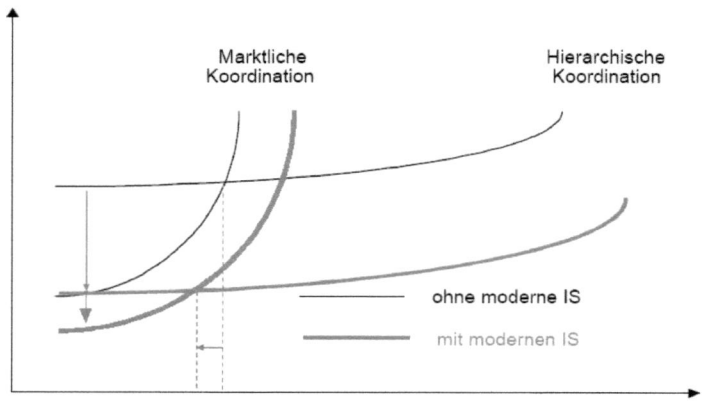

Angenommen, IS würden Transaktionskosten in Hierarchien stärker senken als in Märkten:

Schlussfolgerung:
Spezifität verschiebt sich, d.h. Güter werden zunehmend selbst produziert und weniger marktlich erbracht.

Gegenargumente:
* Zielt nur auf die Verbesserung der IV Systeme und ab und nicht auf die anderen Einflussgrößen
* Produktionskosten müssen auch beachtet werden

2.2.7 Überblick

Parameter	Hierarchien	Netzwerke	Märkte
Koordinations- mechanismen	Weisungen, Regeln	Loyalität und Kooperation	Angebot und Nachfrage, Preisbildung und Wettbewerbsprozesse
Leitidee	Planbarkeit Macht und Autorität Steuerung und Kontrolle	Vertrauen	Souveränität und Autonomie
Anreize	Sanktion und Promotion	Gewinn und Verlust	Gewinn und Verlust
Machtstruktur	Zentralisierte Überwachung	Tendenziell Gleichberechtigung	Gleichberechtigung
Vertrags- formen	keine Verträge für Einzeltransaktionen notwendig	Rahmenverträge zur Absicherung bestimmter Transaktionen	Vertragliche Absicherung von Einzeltransaktionen

2.3 Intermediation, Disintermediation und Cybermediation

2.3.1 Intermediation

2.3.1.1 Definition

Intermediation: Vermittlung
intermediär: dazwischen befindlich, ein Zwischenglied bildend
Intermediär: Vermittler, Mittler

Beispiele für Intermediäre:
- Banken (Zahlungen, Kredite, Bürgschaften)
- Handelsorganisationen (Lebensmittel, Gebraucht-PKW, …)
- Makler (Immobilien, Versicherungen, Schiffe, …)
- Reisebüros

2.3.1.2 Funktionen von Intermediären

- Raumausgleichsfunktion
- Zeitausgleichsfunktion
- Sortimentsbildung
- Risikoausgleich
- Vertrauensbildung
- Losgrößenausgleich (zwischen Käufer und Verkäufer)
- Standardisierung
  - Gestaltung von Verträgen
  - Infrastruktur

Grundlegende Funktionen von Handels-Intermediären:

Aggregation
- Zusammenführen von zahlreichen Angeboten und Nachfragen an einem Punkt.
- Ziel: Transaktionskosten senken und Skaleneffekte nutzen

Trust
- Betont die Rolle des Intermediärs als neutrale, vertrauenschaffende Instanz
- Ziel: Unterschiede in der Handelsmacht von Anbietern und Nachfragern auszugleichen. Dies verhindert opportunistisches Verhalten bei den Beteiligten.

Vereinfachung des Informationsaustauschs
- Über Anbieter und Nachfrager, Produkte, Preise, etc.
- Ziel: Senkung der Transaktionskosten

Market Making
- Auffinden eines geeigneten Transaktionspartners für beide Seiten
- Ziel: Preisbildung und Produktaustausch ermöglichen, Transaktionskosten senken

2.3.1.3 Mögliche Tätigkeitsfelder von Intermediären

2.3.1.4 Einfluss des Internets auf Intermediäre

- Das Internet erhöht die Transparenz, d.h. es wird für Anbieter (Intermediäre) schwerer Intransparenzen für sich auszunutzen.
- Bildung neuer Intermediäre für Produkte, deren Spezifität für eine heuristische Koordination sprach
- Monopolisierung der Intermediäre
- Verschwinden von Intermediären (Disintermediation)

2.3.1.5 Bedeutung von Intermediäre

Die Bedeutung von Intermediären wird durch das Internet abnehmen.

- Pro
    - o Gesteigerte Markttransparenz für Nachfrager, dadurch sinkende Transaktionskosten (auch ohne Intermediäre)
    - o Mass-Customization
- Contra
    - o Auch bei den Intermediären können die Transaktionskosten sinken
    - o Bei zunehmender Digitalisierung von Gütern können Intermediäre ihre Leistungsspektrum erweitern

- Bedeutung von Intermediären nimmt durch neue IS / Technologien nicht grundsätzlich ab.
- Disintermediation und neue Intermediation schließen sich nicht aus.
  Die Rolle von Intermediären verändert sich, z. B. neue Einsatzfelder

2.3.2 Disintermediation

Definition:
Das Entfernen von Personen oder Institutionen, welche zwischen zwei (oder mehreren) anderen Personen oder Institutionen vermitteln.

Beispiele:
- Direktverkauf im Internet ohne Einschaltung von Handelsmittlern
- Aufnahme von Kapital am Kapitalmarkt ohne Einschaltung von Banken
- Direkter Zugang zu Informationen ohne Einschaltung von Information Brokern, Bibliotheken oder Buchhandlungen

2.3.3 Cybermediation

Entstehen von neuen Märkten für Vermittler im Internet.

Welche Funktionen können die „neuen Intermediäre" übernehmen?
- Verbesserte Bereitstellung von Informationen
  - o Suchfunktionen
  - o Produktkataloge
- Verbesserte Unterstützung der Kommunikation
- Potential, eine größere Anzahl von Käufern und Verkäufern anzuziehen
- Regionale Preisdifferenzen können ausgeglichen werden
- Unterstützung der Zahlungsabwicklung (z. B. Treuhänderfunktionen)
- Bewerten von Handelspartnern, Informationsquellen

3. Electronic Data Interchange

3.1 Austausch von Geschäftsdokumenten

Electronic Data Interchange ist der Austausch von Handelsdaten zwischen Geschäftspartnern mit Hilfe der Datenübertragung.... Dabei handelt es sich vorwiegend um standardisierte Routinevorgänge wie Bestellungen, Rechnungen, Überweisungen, Mahnungen usw."

Wichtige Definitionselemente:
- Zwischenbetriebliche Übertragung
- von bestimmten Geschäftsdokumente
- mit Hilfe von Telekommunkationsnetzen
- Maschine-zu-Maschine-Kommunikation (beim klass. EDI)
- Asynchrone Kommunikation möglich
- 1:1-Verbindung
- (Übertragung mit nur geringem Zeitverzug)
- (Fehlerreduktion)

Typische Dokumente, die mit Hilfe von EDI übertragen werden:
- Angebotsanfragen, Preisanfragen (Requests for quotations)
- Bestellungen, Aufträge (Purchase orders)
- Auftragsänderungen (Purchase change orders)
- Lieferscheine (Bills of lading)
- Empfangsbestätigungen (Receiving advices)
- Rechnungen (Invoices)

Mit diesen 6 Dokumententypen (= Nachrichtenarten) werden in den USA ca. 85 % aller schriftlichen geschäftlichen Kommunikationsvorgänge zwischen Betrieben abgewickelt.

Ziele des EDI:
- Kosten
  - o Personalkostenersparnis
  - o Kommunikationskosten
- Qualität
  - o Vermeidung von Fehlerfolgekosten
  - o Schnellere und genauere Feststellung der Lieferbereitschaft

- Zeit
  - o Geringere Bearbeitungszeiten innerhalb der Unternehmen
- Erhaltung der Wettbewerbsfähigkeit
  - o z. B. Zulieferer in der Konsumgüter- und Automobilindustrie

Probleme und Lösungen auf dem Weg zu EDI:

Sehr unterschiedliche Dokumentformate:
Unterschiedliche Anwendungssysteme (innerhalb von Unternehmen und zwischen
Unternehmen) verwenden unterschiedliche Formate für Daten und Dokumente

Entwicklung branchenspezifischer und –übergreifender Standards:
Legen Syntaxregeln, Datenelemente, Datensegmente und bestimmte Codes für EDI-
Nachrichten (aber keine Kommunikationsdienste oder Netze) fest.

Individueller Ex- und Import von Daten aus Anwendungssystemen unterschiedlicher
Unternehmen?:
Entwicklung von individuellen Konvertierungsprogrammen für jeden Geschäftspartner wäre
zu aufwändig.

Entwicklung von EDI-Konvertern:
Programme, welche individuelle betriebliche Datenstrukturen und -formate in die EDI
Formate übersetzen, welche in Normen standardisiert sind.

3.2 Klassische EDI-Standards

EDI-Nachrichtenformate
(Kategorisierung von Standards)

	branchenspezifische	branchenübergreifende
Natio- nale	VDA (Automobil in D) SEDAS (Handel in D) GENCOD (Handel in F)	ANSI X.12 www.x12.org
Inter- nationale	ODETTE (Automobil in Europa) RINET (Versicherungen in Europa) SWIFT (Banken weltweit)	UN/EDIFACT www.unece.org/trade/untdid/welcome.htm

ANSI (American National Standards Institute) X.12
- Wird seit 1978 (weiter)entwickelt
- X.12: Format für strukturierten Geschäftsdatenaustausch
- 300 verschiedene Dokumenttypen standardisiert
- Weltweit von > 300.000 Unternehmen genutzt, vorwiegend in Nordamerika verbreitet

EDIFACT (Electronic Data Interchange for Administration, Commerce and Transport)
- Seit 1987 gemeinsam von ISO und UN entwickelt
- Verbreitung zunächst in Europa, später international
- Löst in zunehmendem Maße nationale und branchenspezifische Normen ab
- > 200 verschiedene Nachrichtentypen in ca. 20 Anwendungsbereichen

- Die United Nations Standard Message Directories legen Dokumenttypen, Bedeutung und Position der Segmente und Datenelemente sowie deren Reihenfolge und Länge fest
- Durch universelle Ausrichtung sind EDIFACT-genormte Nachrichten sehr umfangreich.

Problem: Subsets sind untereinander z.T. inkompatibel.
- Beispiel:
    o In einigen Subsets gibt es den Nachrichtentyp „Gutschrift".
    o In anderen Subsets gibt es keinen eigenen Nachrichtentyp „Gutschrift", statt dessen wird eine Gutschrift als Rechnung mit negativen Beträgen abgebildet.

Erschwerend kommt hinzu, dass

… die Standards regelmäßig überarbeitet werden, …
- was dazu führt, dass ggf. zwischen verschiedenen Versionen eines Standards konvertiert werden muss.

… viele Kommunikationspartner bilaterale Austauschvereinbarungen verwenden, z.B. werden
- nur bestimmte Teile von Subsets genutzt und
- individuelle Vereinbarungen über die Interpretation einzelner Felder getroffen

3.3 Kommunikationssysteme

Netze:
- Private Netze / VAN
- Öffentliche Netze
    o Telefonnetze
    o Paketvermittelnde Datennetze (z.B. Datex-P)
    o Internet
Dienste für den Austausch von EDI-Nachrichten im Internet:
- E-Mail
- File Transfer
- WWW

Nutzung von Festverbindungen
(Standleitungen, Leased Links)

Nutzung von Value Added Networks (VAN)

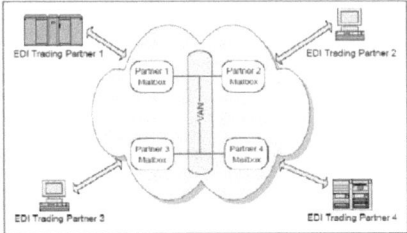

EDI-Konverter

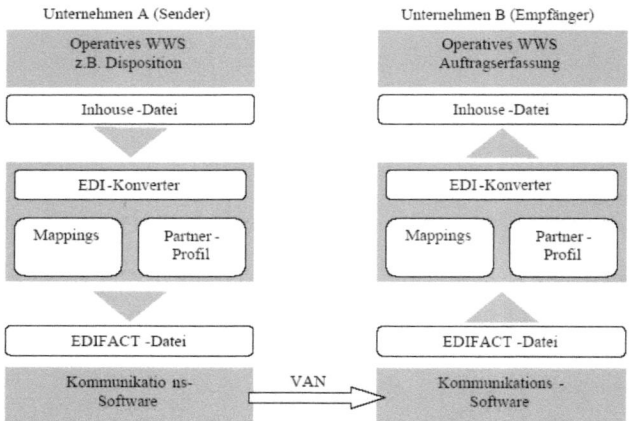

3.4 Formen des EDI

3.4.1 Klassisches EDI

- Mappings:
  Vorschriften zur Übersetzung von Nachrichten aus Inhouse-Formaten in EDI-Formate, z. B. EDIFACT, et vice versa
- Partnerprofil:
  Vorschriften zur Anpassung von EDI-Formaten an spezifische Vorschriften des Kommunikationspartners

Probleme des klassischen EDI:

- Inflexibilität (genaue Struktur der Nachrichten muss zwischen einzelnen Kommunikationspartnern bilateral geklärt werden.)

Beispiel:
- o Waschmittelhersteller Weissergehtsnicht.com bietet drei verschiedene Packungsgrößen Flüssigwaschmittel an (1 l, 2,5 l und 5 l)
- o Handelskette A wünscht Angaben in kg
- o Handelskette B führt nur eine Packungsgröße (2,5 l) und wünscht lediglich Angaben in Stück

- Begrenzte Funktionalität (lediglich zwischenbetriebliche Übertragung, EDI-Formate werden unternehmensintern in der Regel nicht weiter verwendet.)
- Hohe Investitionskosten (> 30 – 50 TEUR)
- „Mehrgleisigkeit" des Datenaustausches, wenn nicht alle Geschäftspartner EDI betreiben
- Verbreitung heute im wesentlichen bei Großunternehmen, besonders in folgenden Branchen: Automobil, Chemie, Finanzdienstleistungen, Konsumgüterhandel
- EDI bei KMU außerhalb dieser Branchen nur selten

3.4.2 Web-EDI

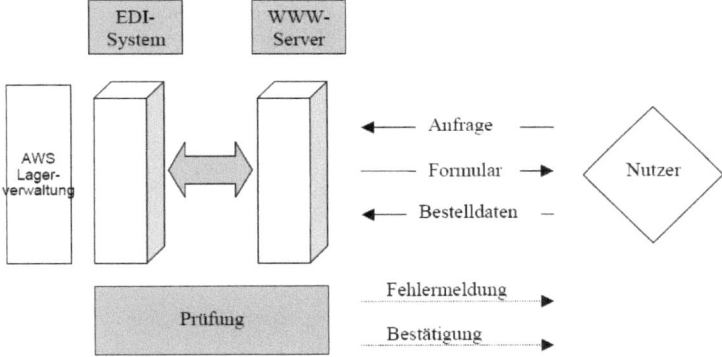

3.5 Kosten des EDI

Kostenarten der Einführung und Nutzung von EDI
- Beschaffung und Nutzung für Hard- und Software
- Wartungskosten für die Anpassung der Software
- Kosten für die Integration der EDI-Systeme mit den internen AWS
- Schulung von Mitarbeitern
- Beratungs- und Reorganisationskosten für Geschäftsprozesse
- Kommunikationskosten

Wie könnte man den Nutzen von EDI quantifizieren?
- Einsparung von Personalkosten im Vergleich zu traditioneller Kommunikation
- Zeiteinsparung durch die Beschleunigung von Geschäftsprozessen
- Bessere Beherrschung der Komplexität durch bessere Kommunikation mit Handelspartnern
- Aufrechterhaltung des Umsatzes
- Speicherung und Dokumentation der Dokumente wird vereinfacht
- Herkömmliche Bestellung per Brief oder Fax: 30-100 € pro Bestellvorgang

- Abwicklung über klassische EDI-Systeme (VAN): 2 € pro Bestellung
- Abwicklung über Internet-basiertes EDI: 1 € pro Bestellung

3.6 Vergleich von klassischen und XML - basierten EDI-Standards

- Integrationsreichweite
  - o EDIFACT ausschließlich für Datenaustausch geeignet
  - o XML bietet umfassendere Möglichkeiten der IV-Integration
- Flexibilität bei der Definition von Nachrichten
  - o Anpassung von EDIFACT-Strukturen nur durch Teilmengenbildung möglich
  - o XML bietet flexiblere Möglichkeiten zur Definition von Nachrichtenobjekten
- Standardisierung von Geschäftsprozessen
  - o Grundsätzlich war EDIFACT auf die Standardisierung von branchenübergreifenden Geschäftsprozessen ausgelegt
  - o Zur Zeit viele verschiedene XML Standardisierungsinitiativen
- Absprache- und Anpassungsaufwand zwischen Kommunikationspartnern
  - o Probleme entstehen durch inkompatible Informationsstrukturen
  - o Für geübte Benutzer kein Unterschied im Absprache- und Anpassungsaufwand
- Benötigtes Know-How zur Einrichtung einer EDI-Schnittstelle
  - o Unternehmen, in den bereits seit Jahren EDIFACT eingesetzt wird, verfügen über das notwendige Know-How
  - o Verfügbarkeit von XML Spezialisten wird voraussichtlich in den nächsten Jahren zunehmen
- Betriebskosten
  - o Kein wesentlicher Unterschied zwischen EDIFACT und XML
  - o Unterschiede ergeben sich daraus, dass für den Betrieb des klassischen EDI oft externe Dienstleister beauftragt wurden.

Fazit:
- XML bietet Vorteile, wenn die Grenzen der reinen Datenübertragung überschritten werden
- Unternehmen, die bereits EDIFACT einsetzen, werden vermutlich zunächst dabei bleiben
- Unternehmen, die heute mit der Integration überbetrieblicher Geschäftsprozesse beginnen, werden vermutlich eher XML basierte Formate benutzen

4. Electronic Procurement

4.1 Ziele und Rahmenbedingungen des E-Procurement

4.1.1 Begriffsklärung

- „…jede Form der elektronischen Abwicklung von Beschaffungsprozessen."
- „Im engeren Sinne versteht man darunter
  - o die Bestellauslösung für Bedarfe an indirekten Gütern
  - o auf Basis von webbasierten Systemen
  - o direkt durch den jeweiligen Bedarfsträger."

4.1.2 Problemstellung: Warum E-Procurement?

- Interne Verwaltungskosten eines Beschaffungsvorgangs stehen oft in einem ungünstigen Verhältnis zum Warenwert.
- Circa 75 – 175 €
- Klassisches EDI
  - Hohe Einführungs- und Betriebskosten
  - Zu geringe Integrationsfähigkeit und zu geringe Flexibilität

4.1.3 Ziele des E-Procurement

- Senkung des Zeitbedarfs für die Durchführung der Bestellung
- Reduzierung der Prozesskosten
- Reduzierung der Fehler (falsche Bestellung, falsche Termine, Rechnungsfehler)
- Verbesserung des Datenmaterials über die Beschaffung
  - Bei Abweichung
  - Analyse der Beschaffungsvorgänge für Controllingzwecke
- Erleichterung der Datenspeicherung und der Datensicherung
- Entlastung der Mitarbeiter von Routinetätigkeiten

4.1.4 Kriterien zur Klassifizierung der zu beschaffenden Güter

- Warenwert
- Preisvariabilität
- Anzahl der Bestellungen / Regelmäßigkeit
- Komplexität des Vereinbarungs- und Verhandlungsprozesses
- Typisches Bestellvolumen
- Spezifität der Güter
- Ist der Bestellvorgang zeitkritisch?

4.1.5 ABC Analyse

- Gruppierung der beschafften Artikel nach Bestellwertanteil und Anzahl der Bestellungen
- Durch Kumulierung der Periodenbestellwerte kann der Anteil bestimmter Güter am Gesamtbestellwert errechnet werden:
  - A-Artikel: 80% des Gesamtbestellwertes
  - B-Artikel: 15% des Gesamtbestellwertes
  - C-Artikel: 5 % des Gesamtbestellwertes
- In der Regel
  - Der Anteil der A-Artikel an der Anzahl der Bestellungen gering, am Bestellwert aber hoch
  - Der Anteil der C-Artikel an der Anzahl der Bestellungen hoch, am Bestellwert aber gering

4.2 Desktop Purchasing Systeme

Internetgestützte Anwendungen zur Unterstützung und Bestellung von Gütern.

Merkmale:
- Geringer materieller Wert und geringe strategische Bedeutung der Güter

- Hohe, unregelmäßige Bestellfrequenz
- Verschiedene Lieferanten
- Viele Bedarfsträger, die den Beschaffungsprozess anstoßen
- Komplexe Berechtigungsverfahren

4.2.1 Komponenten von Desktop Purchasing Systemen

- Benutzer Front-End
- Katalogmanagement
  - o Pflege der Kataloge der verschiedenen Lieferanten
  - o Strukturierung und Vereinheitlichung der Katalogeinträge
- Workflow-Komponente
  - o Steuert die Bestellabwicklung anhand der Beschaffungsrichtlinien
  - o Vorgangssteuerung für genehmigungsrelevante Beschaffungen zur Weiterleitung an Entscheidungsträger
- Administrations-Komponente
  - o Benutzer- und Lieferantenprofile verwalten
  - o Auswertung zu Controllingzwecken
- Interface-Komponente
  - o Datenaustausch mit Partner-Systemen
  - o Anbindung an interne ERP-Systeme

4.2.2 Mögliche Betreiber von E-Procurement Systemen

- Beschaffendes Unternehmen (Eigenbetrieb)
- Intermediäre (Fremdbetrieb)

Entscheidungskriterien
- Kosten der Implementierung und des Betriebs der Systeme
- Transparenz / Controlling der Bestellvorgänge
- Veränderungsmöglichkeiten der Kataloge, der Workflows, der Zugriffsrechte
- Möglichkeit der Zusammenfassung von Bestellungen
- Spektrum der von einem externen Dienstleister angebotenen Lieferanten

4.2.3 Varianten katalogbasierter Beschaffungssysteme

a) Sell-Side Kataloge

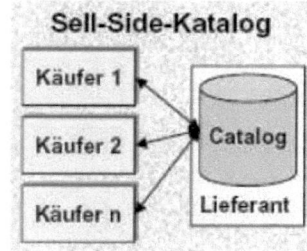

Charakterisierung:
- Lieferant ermöglicht verschiedenen Kunden Zugriff auf seinen Katalog
- Katalog wird durch den Lieferanten gepflegt

Vorteile für den Kunden:
- Kosten für die Wartung des Katalogs und den Betrieb des E-Procurement-Systems entfallen

Nachteile für den Kunden:
- Hohe Schulungs- und Suchkosten bei unterschiedlichen Lieferanten mit verschiedenen Katalogen
- Evtl. schlechte Integration von Bestell- und Rechnungsdaten

Eignung für den Kunden:
- Bei einem Rahmenvertrag mit nur einem Lieferanten

b) Buy-Side Kataloge

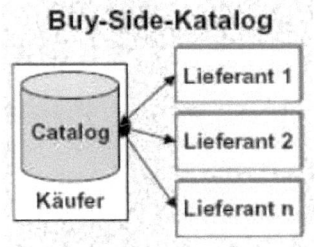

Charakterisierung:
- Beschaffende Unternehmen pflegen die Kataloge und E-Procurement-Systeme

Vorteile für den Kunden:
- Einheitlicher Workflow für Veränderungen in den Katalogen und für die Bestellung
- Einfache Schulung der Mitarbeiter
- Einfachere Integration in andere AS
- Starker Einfluss auf Katalogstruktur und Aktualität

Nachteile für den Kunden:
- Lieferanten müssen überzeugt werden, ihre Informationen zur Verfügung zu stellen
- Kosten für den Betrieb der Systeme

Eignung für den Kunden:
- Hohe Einkaufsvolumina und hohe Marktmacht
- Lieferanten müssen in der Lage sein, ihre Katalogdaten in einem standardisierten Format zur Verfügung zu stellen

c) Intermediär-Side-Katalog

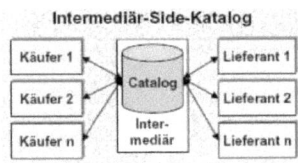

Charakterisierung:
- Intermediär übernimmt Entwicklung, Betrieb und Pflege eines „Multi-Supplier-Katalogs"

Vorteile für den Kunden:
- 1:1 Beziehung in der Kommunikation trotz 1:n Handelsbeziehungen
- Schulungskosten für Mitarbeiter gering, Betriebskosten entfallen, geringere Suchkosten
- Informationsdienstleistungen des Intermediärs können genutzt werden

Nachteile für den Kunden:
- Intermediär kann die Transparenz steuern
- Gebühren

Eignung für den Kunden:
- Bei geringen Mengen evtl. kostengünstige Variante
- Bei vielen verschiedenen Lieferanten

5. Supply Chain Management

5.1 Grundbegriffe und Ziele des Supply Chain Management

Supply Chain Management bezeichnet die Planung, Durchführung, Kontrolle und Steuerung des Material- und Informationsflusses entlang der Lieferkette.

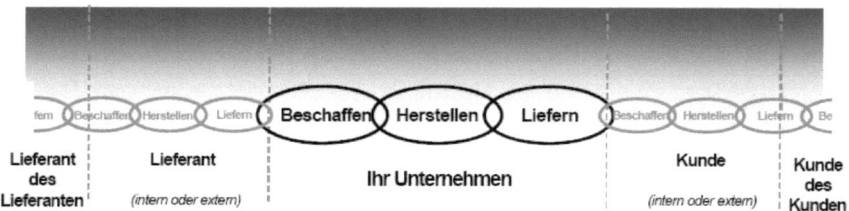

Wesentliche Ziele des Supply Chain Management:
- Deckung der Nachfrage bei Endkunden
- Erhöhung der Flexibilität im Hinblick auf eine bedarfsgerechte Produktion
- Reduzierung von Durchlaufzeiten
- Senkung der Herstellungskosten
- Optimierung der Lagerbestände in der gesamten Lieferkette
- Reduzierung des Gesamtrisikos für alle Teilnehmer der Lieferkette
- Erhöhung der Lieferfähigkeit und Liefertreue
- Verbesserung der Kapazitätsauslastung

Struktur einer Supply Chain:

Wesentliche Maßnahmen des Supply Chain Management:
- Intensivierung der zwischenbetrieblichen Kooperation und Koordination
- Neugestaltung der unternehmensübergreifenden Geschäftsprozesse
- Beschleunigung der Informationsflüsse, Erhöhung der Informationsqualität
- Konsequente Ausrichtung auf den Kunden
- Anpassung des Produktdesigns

Supply Chain Management bei der Dell Computer Corporation:

Traditionelles Modell

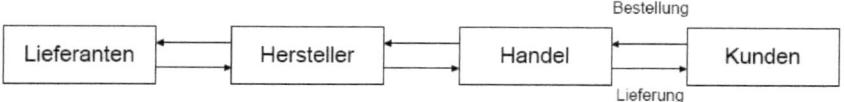

Direktes Modell

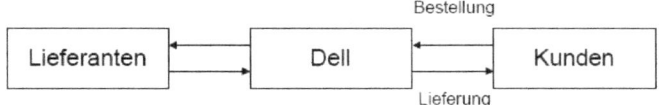

Bestellung

| Lieferanten | ← | Dell | ← | Kunden |

Lieferung

Die traditionelle Variante: Konfrontation

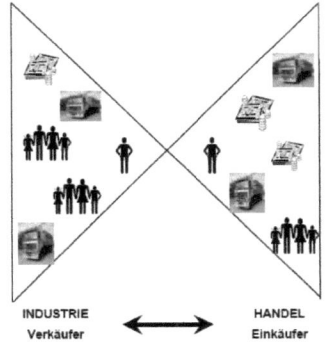

INDUSTRIE
Verkäufer

← →

HANDEL
Einkäufer

Die SCM-Variante: Kollaboration

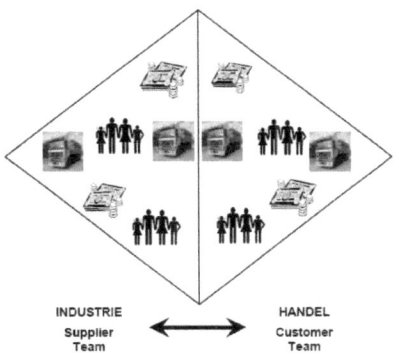

INDUSTRIE
Supplier
Team

← →

HANDEL
Customer
Team

Verschiedene Ausprägungen des SCM

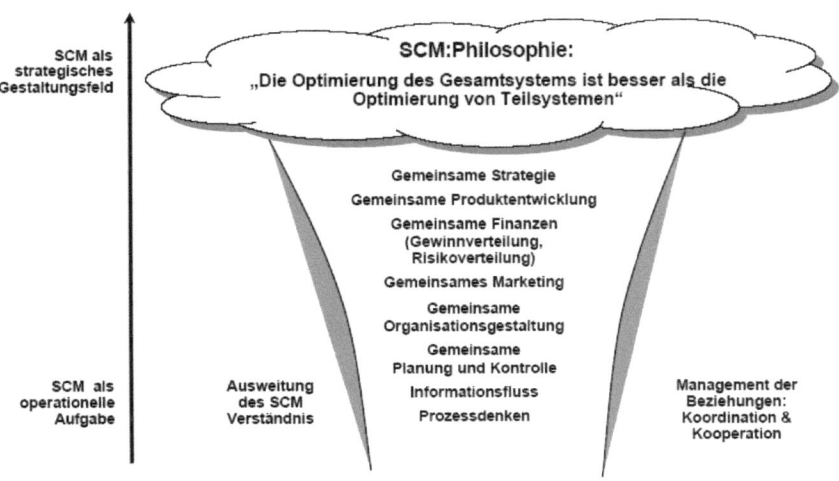

SCM als strategisches Gestaltungsfeld

SCM:Philosophie:
„Die Optimierung des Gesamtsystems ist besser als die Optimierung von Teilsystemen"

Gemeinsame Strategie
Gemeinsame Produktentwicklung
Gemeinsame Finanzen
(Gewinnverteilung,
Risikoverteilung)
Gemeinsames Marketing
Gemeinsame
Organisationsgestaltung
Gemeinsame
Planung und Kontrolle
Informationsfluss
Prozessdenken

SCM als operationelle Aufgabe

Ausweitung
des SCM
Verständnis

Management der
Beziehungen:
Koordination &
Kooperation

Rahmenbedingungen des SCM

5.2 Der „Bullwhip- bzw. Peitscheneffekt"

- Aussage: zunehmende Varianz der Bestellvolumina entlang einer Versorgungskette
- Schwankungen von 3-5% in der Endkonsumentennachfrage können zu Schwankungen in der Nachfrage bei Rohstoffherstellern von 30-50% führen
- Folge:
  - Steigerung des Risikos
  - Erhöhung der Lagerbestände, Ausweitung der Produktionskapazitäten
  - Erhöhung der Kapitalbindung, z.T. ineffiziente Ressourcenausnutzung

Ursachen:
- Verzögerungen im Informationsfluss und gleichzeitige Bestellungen verschiedener Elemente der Versorgungskette
- Schlechte Prognosen (mangelhafte Information über die Gründe der veränderten Endkundennachfrage)
- Order Batching
  - Rabatte
  - Sicherheitsbestände
  - Logistische Einheiten
- Erwartete Preissteigerungen

Gegenmaßnahmen:
- Rabattpolitik verändern
- Zentrale Instanz mit der Steuerung beauftragen
- Logistik anpassen
- Liefergarantien
- Gemeinsame Prognosen und verbesserter Informationsaustausch

5.3 Supply Chain Management Konzepte in der Konsumgüterindustrie

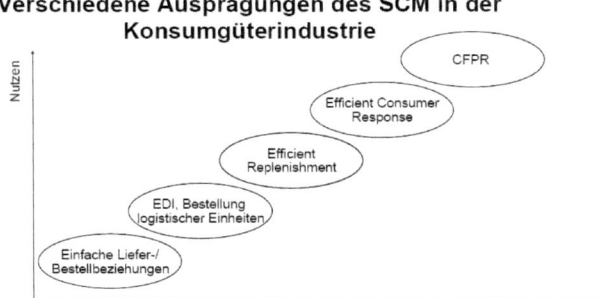

Verschiedene Ausprägungen des SCM in der Konsumgüterindustrie

5.3.1 Efficient Replenishment

Probleme, die in der Konsumgüterindustrie zu Efficient Replenishment geführt haben:
- Zu bestimmten Zeiten in bestimmten Geschäften nicht verfügbare Produkte
- Zu anderen Zeiten hohe Lagerbestände
- Relativ lange Bestell- und Lieferzeiten
- Kurzfristige ad-hoc-Lieferungen mit hohen Prozess- und Transportkosten
- Schubweise Bestellung
- Schlechte Planbarkeit der Produktion und Lagerhaltung für den Hersteller

Efficient Replenishment:
- „effiziente Versorgung", kontinuierlicher Warennachschub"
- „Vom Hersteller und Händler gemeinsam betriebene Optimierung der Logistikkette über Unternehmensgrenzen hinweg."
- Ziele:
  - Erhöhung der Lieferbereitschaft
  - Reduktion der Prozesskosten
- Wesentliches Hilfsmittel: Vendor Managed Inventory

Beim Vendor Managed Inventory ist ein Lieferant für die Verfügbarkeit seiner Produkte im Lager des Kunden verantwortlich. Dafür erhält er die notwendigen Lager- und Verbrauchsdaten.

Ziele:
- Erhöhung der Lieferfähigkeit
- Verbesserung der Informationslage beim Lieferanten
- Reduzierung der Kapitalbindung
- Reduzierung des Bullwhip Effektes
- Reduzierung der Personalkosten bei Außendienstmitarbeitern

5.3.2 Efficient Consumer Response

Die auf den Verbrauch ausgerichtete Zusammenarbeit von Industrie und Handel in der Konsumgüterindustrie unter dem Leitbild „Gemeinsame Zusammenarbeit, um Konsumentenbedürfnisse besser, schneller und zu geringeren Kosten zu erfüllen".

5.3.3 Collaborative Planning, Forecasting and Replenishment (CFPR)

Gemeinsame Planung, Prognose und Warenversorgung über die Steuerung des Nachschubs der Normalware hinaus insbesondere für Verkaufsförderungsaktionen und Produktneueinführung.

- Entwicklung eines Plans durch Hersteller und Händler
- Gemeinsame Prognose der Absatzmengen
- Kontrolle der tatsächlichen Absatzmengen und
- Gemeinsame Verbesserung weiterer Prognosen

Verschiedene Integrationsgrade für das CPFR

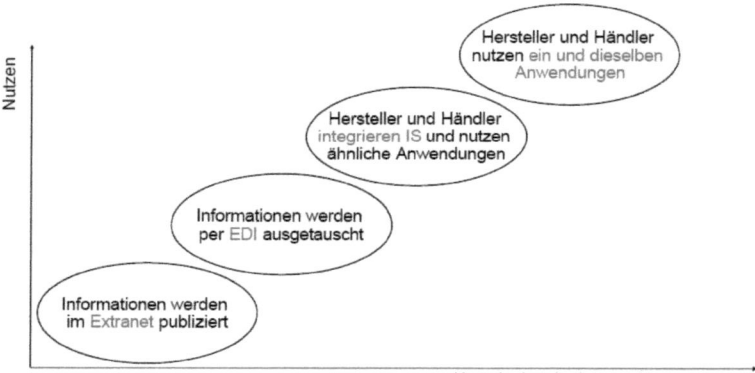

5.4 Supply Chain Operations Reference Modell (SCOR)

Verwendungszwecke des SCOR

- Beschreiben: SCOR-Prozessdefinitionen ermöglichen die Beschreibung aller Supply Chain-Aktivitäten
- Messen: Standardisierte SCOR-Kennzahlen ermöglichen Benchmarking
- Analysieren, um kontinuierliche Verbesserungen zu unterstützen
- Unterstützungspotentiale durch IS aufzeigen

Die 5 „Managementprozesse" des SCOR

- Planen (Plan): aggregierte Nachfrage und Angebot in Einklang bringen
- Beschaffen (Source): Produkte und Dienstleistungen beschaffen
- Herstellen (Make): Produkte herstellen, die an Kunden ausgeliefert werden können
- Liefern (Deliver): Fertigprodukte oder Leistungen liefern
- Rücklieferungen (Return): Annehmen und an Lieferanten initiieren

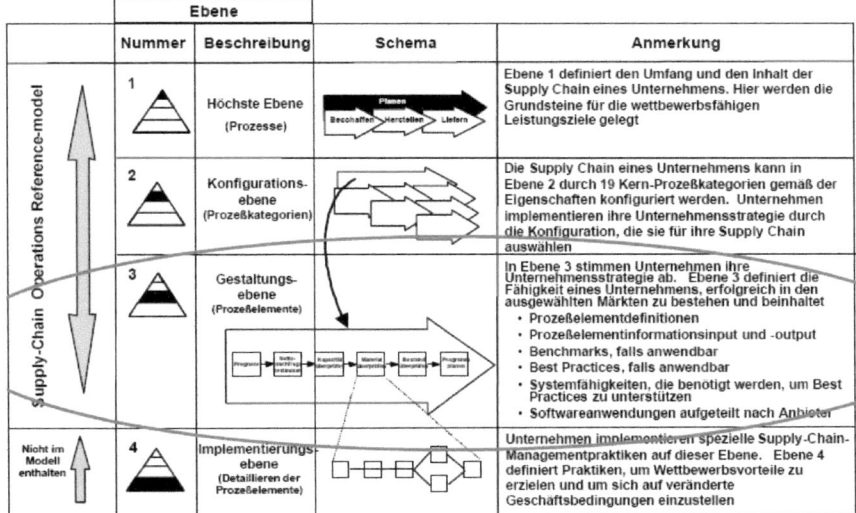

	Ebene			
	Nummer	Beschreibung	Schema	Anmerkung
Supply-Chain Operations Reference-model	1	Höchste Ebene (Prozesse)		Ebene 1 definiert den Umfang und den Inhalt der Supply Chain eines Unternehmens. Hier werden die Grundsteine für die wettbewerbsfähigen Leistungsziele gelegt
	2	Konfigurations-ebene (Prozeßkategorien)		Die Supply Chain eines Unternehmens kann in Ebene 2 durch 19 Kern-Prozeßkategorien gemäß der Eigenschaften konfiguriert werden. Unternehmen implementieren ihre Unternehmensstrategie durch die Konfiguration, die sie für ihre Supply Chain auswählen
	3	Gestaltungs-ebene (Prozeßelemente)		In Ebene 3 stimmen Unternehmen ihre Unternehmensstrategie ab. Ebene 3 definiert die Fähigkeit eines Unternehmens, erfolgreich in den ausgewählten Märkten zu bestehen und beinhaltet • Prozeßelementdefinitionen • Prozeßelementinformationsinput und -output • Benchmarks, falls anwendbar • Best Practices, falls anwendbar • Systemfähigkeiten, die benötigt werden, um Best Practices zu unterstützen • Softwareanwendungen aufgeteilt nach Anbieter
Nicht im Modell enthalten	4	Implementierungs-ebene (Detaillieren der Prozeßelemente)		Unternehmen implementieren spezielle Supply-Chain-Managementpraktiken auf dieser Ebene. Ebene 4 definiert Praktiken, um Wettbewerbsvorteile zu erzielen und um sich auf veränderte Geschäftsbedingungen einzustellen

5.5 Überblick über die SCM Software

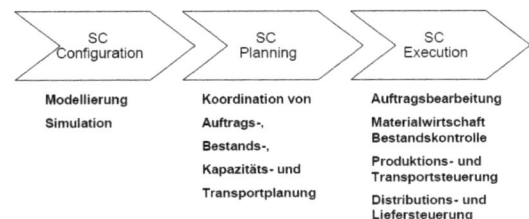

Funktionsbereiche von SCM-Software (1)

SC Configuration | SC Planning | SC Execution

Modellierung	Koordination von	Auftragsbearbeitung
Simulation	Auftrags-,	Materialwirtschaft Bestandskontrolle
	Bestands-,	
	Kapazitäts- und	Produktions- und Transportsteuerung
	Transportplanung	Distributions- und Liefersteuerung

Entwicklungsstufen von SCM Software

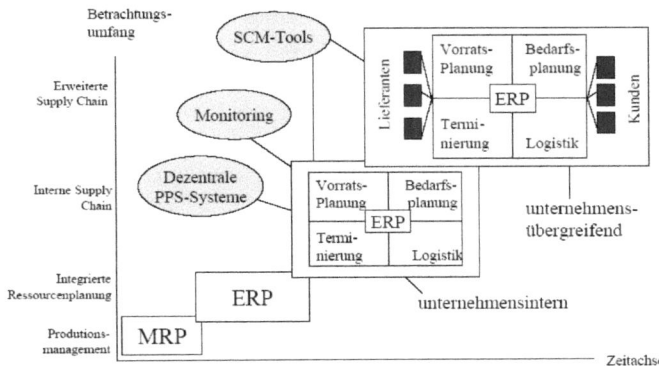

Funktionen von Advanced Planning Systems (APS)

Strategische Ebene: Netzwerkkonfiguration

- Abbildung von Standorten, Beschaffungs- und Distributionswegen

Mittelfristig-taktische Planung

- Produktionsprogrammplanung (Master Planning):
  Abstimmung von Beschaffung, Produktion und Distribution
- Nachfrageplanung
- Verfügbarkeitsprüfung
- Monitoring: Bestands- und Transportsteuerung und -überwachung

Kurzfristig-operative Steuerung und Kontrolle (z. T. durch ERP-Systeme)

- Auftragsbearbeitung
- Materialwirtschaft
- Produktionssteuerung
- Lagerverwaltung
- Vertrieb / Distribution

Voraussetzungen für Supply Chain Management:
- Geeignete IT-Infrastruktur
- Bereitschaft in überbetrieblich integrierte IS zu investieren
- Vertrauen zwischen Kooperationspartnern
- Sicherheit der IV
- Harmonisierte konstante Prozesse

Probleme im Zusammenhang mit SCM

Probleme ohne SCM

- zu hohe Kosten durch nicht optimierte Lagerbestände (Reservebestände)
- Zeitdauer zwischen Bestellung und Lieferung
- Produktion kann wegen veränderter Konsumentenpräferenzen nicht abgesetzt werden

Probleme bei Einführung von SCM

- Macht einzelner Glieder einer SC
- Organisatorische Veränderungen (Aufbau / Ablauforga.) verursachen Kosten
- Evtl. müssen Mitarbeiter qualifiziert werden
- IV muss aufeinander abgestimmt werden (Datenformate, EDI-Koverter, ...)
- Datensicherheit (Sicherheit der IV)
- Kosten- und Nutzenverteilung

6. Elektronische B2B-Marktplätze

6.1 Begriffe und Beispiele

Markt:
Ist ein ökonomischer Ort des Zusammentreffens von Angebot und Nachfrage nach Gütern, auf dem sich Preisbildung und Tausch vollziehen.

Marktplatz:
Ist ein konkreter, geographisch abgrenzbarer Ort, an welchem sich mehrere Anbieter und Nachfrager treffen, um Tauschprozesse durchzuführen und Informationen auszutauschen. Er stellt die Infrastruktur für Marktveranstaltungen dar, welche in der Regel auf Initiative eines Marktplatzbetreibers durchgeführt werden.

Ein elektronischer B2B-Marktplatz ist...

- ein internetbasiertes Informationssystem
- zur Unterstützung von Handelsfunktionen
- zwischen verschiedenen Anbietern und Nachfragern von Gütern.

- Ein technisch und organisatorisch intermediäres
- Internet-basiertes Informationssystem,
- welches verschiedene Funktionen zur Unterstützung einzelner oder aller Phasen von Markttransaktionen
- zwischen verschiedenen anbietenden und nachfragenden Unternehmen zur Verfügung stellt.

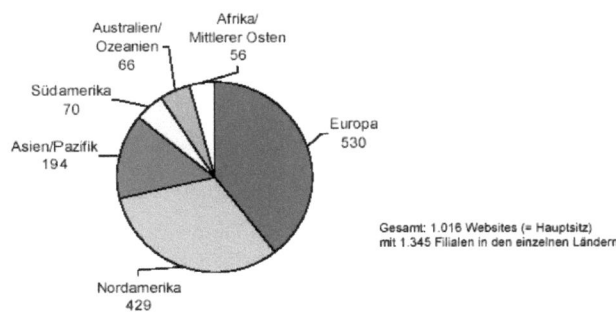

Weltweit: Anzahl der B2B-Marktplätze nach Regionen, Februar 2004

eMarket Services, Februar 2004

6.2 Typologie elektronischer Marktplätze

Kriterien zur Typisierung elektronischer Marktplätze

- Nach dem Marktplatzbetreiber
  - Buy-Side,
  - Sell-Side und
  - neutrale Marktplätze
- Nach der Ausrichtung auf eine oder mehrere Branchen
  - Horizontale eMP richten sich an viele Branchen.
  - Vertikale eMP sind auf eine oder wenige verwandte Branchen spezialisiert.
- Nach dem dominanten Preisbildungsmechanismus
  - statische Preisbildung: Preis steht fest (Katalog)
  - dynamische Preisbildung: Preis kann sich während des Handels ändern (Auktionen und Börsen)

- Nach möglichen Zugangsbeschränkungen
  - private (bzw. geschlossene)
  - öffentliche (bzw. offene) Marktplätze
- Nach der Art der gehandelten Güter
  - Direkte Güter
  - Indirekte Güter
- Nach der Regelmäßigkeit der Kaufvorgänge
  - Spot sourcing
  - Systematic Sourcing
- Nach dem Umfang der Unterstützung der Handelstransaktionsphasen
  - Information
  - Vereinbarung und
  - Abwicklung

Dominierende Typen elektronischer Marktplätze

- Typ 1: Horizontaler beidseitiger elektronischer Marktplatz: effizienter Einkauf indirekter Güter

- Typ 2: Vertikaler Buy-side elektronischer Marktplatz: effizienter Einkauf direkter Güter

- Typ 3: Vertikaler Buy-side elektronischer Marktplatz: effiziente Zusammenarbeit

6.3 Funktionale Architektur elektronischer Marktplätze

Wie kann das Funktionsspektrum der elektronischen Marktplätze kategorisierend beschrieben werden?

- Transaktionsphasen
- Kommunikationsmöglichkeiten
- Anonymität
- Preisbildungsmechanismen

Phasen einer Markttransaktion

Information	Vereinbarung	Abwicklung	Nachkauf
• Preis-/ Produkt-informationen, • Informationen über Handelspartner/-,konditionen	• Geschäftspartner-auswahl/-, verhandlung-/ und Vertragsab-schluss	• Waren/- und finanzlogistische Aktivitäten	• Kundenbetreuung: z.B. Installation, Implementierung, Auskunftgabe, Rücknahme, etc.

Funktionsspektrum eines elektronischen Marktplatzes:

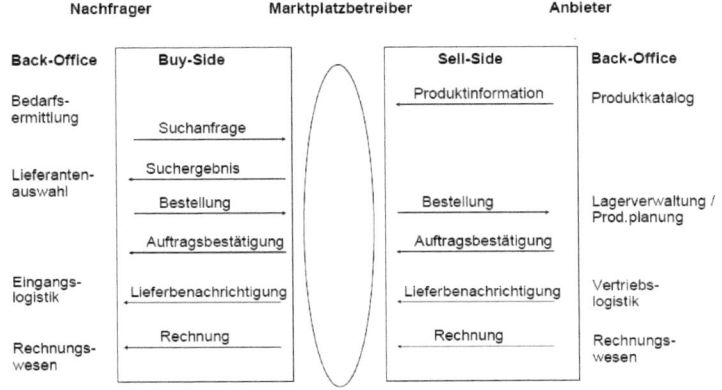

| | Nachfrager | | Marktplatzbetreiber | | Anbieter | |

Nachfrager · Marktplatzbetreiber · Anbieter

Back-Office · Buy-Side · Sell-Side · Back-Office

Bedarfs-ermittlung · Produktinformation · Produktkatalog

Suchanfrage

Lieferanten-auswahl · Suchergebnis

Bestellung · Bestellung · Lagerverwaltung / Prod.planung

Auftragsbestätigung · Auftragsbestätigung

Eingangs-logistik · Lieferbenachrichtigung · Lieferbenachrichtigung · Vertriebs-logistik

Rechnung · Rechnung

Rechnungs-wesen · Rechnungs-wesen

1. Content & Community	4. Supply Chain
Kampagnenmanagement = Planungsprozess von Werbemaßnahmen	**Angebots- und Nachfrageplanung** = Prozess des Abgleichs von Bedarf und Verfügbarkeiten
Partner Profiling = Prozess der Erhebung, Verhandlung und Optimierung der Verwendung von Kunden- und Partnerdaten	**Production Planning** = Prozess der Aufteilung bzw. Zuordnung und Planung von Produktionslosen, Ressourcen etc.
Performance Management = Prozess des Austauschs und der Verwaltung von Prozessführungsgrößen	**Auftragsabwicklung** = Prozess der Auftragsabwicklung (Bestelleingang bis Versandbeginn der Leistung)
2. Product Life Cycle	Transportabwicklung
Collaborative Engineering = Prozess der Entwicklung neuer Güter oder Leistungen	**5. Maintenance & Repair**
Product Life Cycle Management = Prozess der kontinuierlichen Weiterentwicklung eines bestehenden Produkts oder einer Leistung zwischen Geschäftspartnern	**After-Sales** = Prozess der Unterstützungsleistungen des Kundendienstes (technische Hilfe, Garantieleistungen, Reparaturleistungen, Wartungen etc.)
3. Commerce	**Beschwerde-/Problemmanagement** = Prozess der Verarbeitung und Lösung von Kundenproblemen mit dem Produkt
Verhandlung = Prozess der Verhandlungen	
Katalogmanagement = Prozess der Verteilung und des Abgleichs von Produkt- oder Dienstleistungsinformationen	**6. Finance Chain**
Strategic Sourcing = Prozess der Suche und Auswahl von Lieferanten	**Zahlungsabwicklung** = Prozess der Zahlungsabwicklung

6.4 Technische Struktur elektronischer Marktplätze

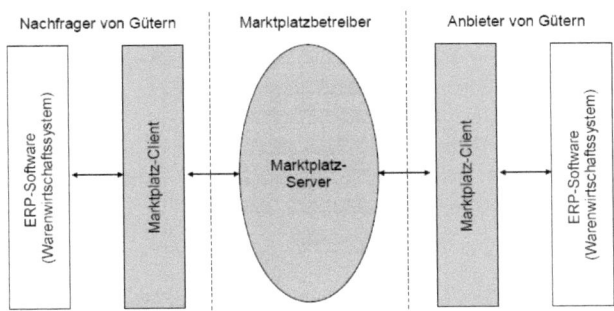

Nachfrager von Gütern · Marktplatzbetreiber · Anbieter von Gütern

ERP-Software (Warenwirtschaftssystem) · Marktplatz-Client · Marktplatz-Server · Marktplatz-Client · ERP-Software (Warenwirtschaftssystem)

6.5 Erlösquellen elektronischer Marktplätze

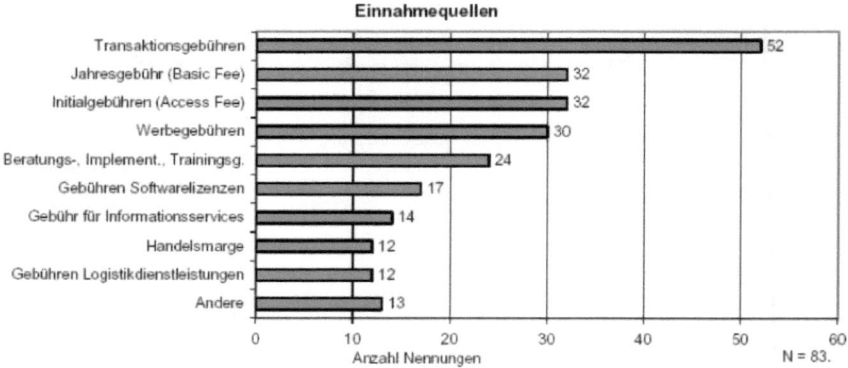

Einnahmequellen

- Transaktionsgebühren: 52
- Jahresgebühr (Basic Fee): 32
- Initialgebühren (Access Fee): 32
- Werbegebühren: 30
- Beratungs-, Implement., Trainingsg.: 24
- Gebühren Softwarelizenzen: 17
- Gebühr für Informationsservices: 14
- Handelsmarge: 12
- Gebühren Logistikdienstleistungen: 12
- Andere: 13

Anzahl Nennungen   N = 83.

6.6 Kosten und Nutzen der Teilnehmer an elektronischen Marktplätzen

Aus Sicht des Kunden:

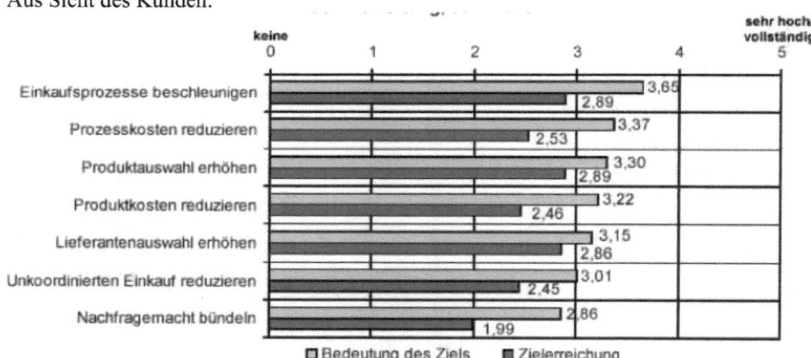

keine 0 — sehr hoch/ vollständig 5

- Einkaufsprozesse beschleunigen: 3,65 / 2,89
- Prozesskosten reduzieren: 3,37 / 2,53
- Produktauswahl erhöhen: 3,30 / 2,89
- Produktkosten reduzieren: 3,22 / 2,46
- Lieferantenauswahl erhöhen: 3,15 / 2,86
- Unkoordinierten Einkauf reduzieren: 3,01 / 2,45
- Nachfragemacht bündeln: 2,86 / 1,99

☐ Bedeutung des Ziels   ■ Zielerreichung

Aus Sicht des Betreibers:

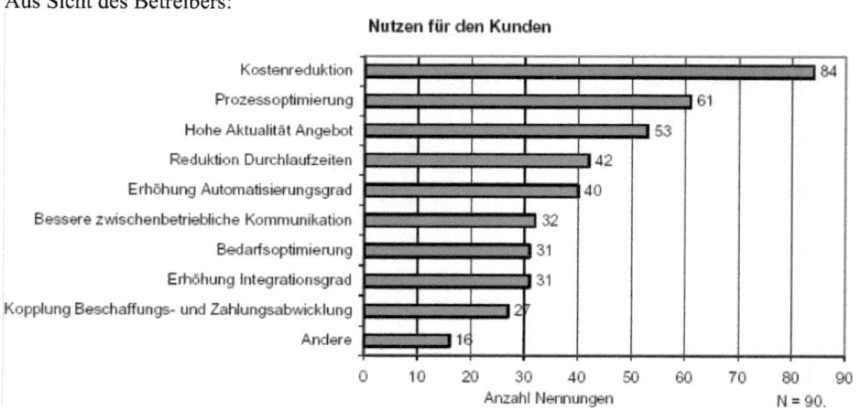

Nutzen für den Kunden

- Kostenreduktion: 84
- Prozessoptimierung: 61
- Hohe Aktualität Angebot: 53
- Reduktion Durchlaufzeiten: 42
- Erhöhung Automatisierungsgrad: 40
- Bessere zwischenbetriebliche Kommunikation: 32
- Bedarfsoptimierung: 31
- Erhöhung Integrationsgrad: 31
- Kopplung Beschaffungs- und Zahlungsabwicklung: 27
- Andere: 16

Anzahl Nennungen   N = 90.

Welche Chancen der Teilnahme an elektronischen B2B-Marktplätzen halten Sie für besonders relevant?

- Kostensenkung
    - Geringere Wareneinkaufspreise
    - Geringere Beschaffungskosten
- Prozessbeschleunigung
    - Schnellere Informationsbeschaffung
    - Schnellere Abwicklung von Beschaffungsvorgängen
- Transparenzsteigerung
    - Externe Transparenz
    - Unternehmensinterne Transparenz
- Erfahrungen mit dieser Form der Handelsunterstützung sammeln
- Erweiterung des Absatz- bzw. Einkaufsmarktes

Problembereiche elektronischer Marktplätze
- Die Einsparungen bei den Prozesskosten bieten offenbar keinen ausreichenden Mehrwert für die Nachfrager
- Der zusätzliche Absatzkanal führt nicht zu einer nennenswerten Umsatzerweiterung für den Anbieter
- Anbieter von Gütern haben oft keine ausreichenden Anreize, sich auf eMP zu engagieren
- Konfigurierbare Produkte können i.d.R. nicht auf eMP gehandelt werden.
- Geheimhaltungsbedarf der Marktteilnehmer wurde oft unterschätzt

6.7 Entwicklungstendenzen

- These 1:
  Reine Handelsplattformen können sich nicht ausreichend von Wettbewerbern differenzieren.

- These 2:
  Marktplätze müssen Funktionen anbieten, welche über reine Handelsfunktionen hinausgehen.

- These 3:
  Aufbau und Pflege dieser Funktionen erfordern branchenspezifisches Know-how.

- These 4:
  Funktionen, welche Anbietern und Nachfragern echten Mehrwert bieten, werden auch zu steigenden Umsätzen aus Handelstransaktionen führen.

Sie heben an einem Geldausgabeautomaten einer Bank, bei der Sie ein Girokonto haben, einen Geldbetrag ab. Stellt dieser Vorgang einen überbetrieblichen Geschäftsprozess dar? Begründen Sie Ihre Meinung.

Entwickeln Sie ein Schema, mit dessen Hilfe Sie relevante Betrachtungsebenen überbetrieblicher Geschäftsprozesse und überbetrieblicher IV-Integration strukturieren können.

Welcher Zusammenhang besteht zwischen den verschiedenen Definitionen der Begriffe „Electronic Commerce" bzw. „Electronic Business" und dem Gegenstand der Lehrveranstaltung?

Im Allgemeinen wird prognostiziert, dass der B2B-Anteil am eCommerce deutlich höher liegen wird als der B2C-Anteil. Welche Gründe könnten dafür maßgeblich sein?

Unter welchen Bedingungen ist welche Koordinationsform angemessen?

Was wird unter Cybermediation verstanden? Geben Sie ein Beispiel und begründen Sie dieses.

Skizzieren Sie kurz den technischen Aufbau von IS zur Unterstützung von klassischem EDI.

Was versteht man unter Web-EDI?

Erörtern Sie die Bedeutung von Netzeffekten bei der Verbreitung von EDI in einer Branche.

Diskutieren Sie folgende These: „XML wird in naher Zukunft EDI verdrängen."

Beschreiben Sie Rahmenbedingungen, unter denen die Beschaffung von C Gütern mit Hilfe eines Desktop Purchasing Systems wirtschaftlich nicht sinnvoll ist.

Beschreiben Sie funktionale Anforderungen an ein Desktop Purchasing System.

Wie könnten die Vorteile des Desktop Purchasing im Vergleich zu traditionellen Bestellprozessen nachgewiesen werden?

Welche Probleme überbetrieblicher Geschäftsprozesse haben zum Konzept des Supply Chain Managements geführt?

Formulieren Sie funktionale Anforderungen an Software zur Unterstützung des Supply Chain Managements.

Versetzen Sie sich bitte in die Lage eines Vorstandsassistenten eines mittelständischen produzierenden Unternehmens, welcher erwägt, Büroartikel mit Hilfe eines eMP zu beschaffen. Welche Kriterien könnten für die Auswahl eines eMP relevant sein?

Beschreiben Sie drei verschiedene zentrale Funktionen von eMP und erörtern Sie, wie diese Funktionen technisch realisiert werden können.

Beschreiben Sie Beispiele und mögliche Gründe für die Weiterentwicklung von Marktplätzen zu Collaborations-Plattformen.